K-pop

글 김경욱

어린이 만화 잡지 〈아이큐 점프〉 연재를 시작으로 어린이들을 위한 글을 써 왔습니다. 어린이들의 학습에 도움이 되면서도 감동을 줄 수 있는 글을 쓰기 위해 노력하고 있습니다. 지은 책으로 《who? 한국사 을지문덕》, 《who? 한국사 선덕 여왕》, 《로봇 세계에서 살아남기》, 《에너지 위기에서 살아남기》와 《그램그램 영문법 원정대》, 《슈뻘맨의 슈퍼 상식 월드컵》, 《설민석의 세계사 대모험》 시리즈 등이 있습니다.

그림 김래현

일러스트 및 수작업을 기반으로 활동하고 있습니다. 평면적인 것과 더불어 만지고 느낄 수 있는 작업을 지향합니다.
쓰고 그린 책으로 《지역의 사생활99 전남 담양 1–41》, 《아주 약간의 변화》, 《실로 놀라운 일》이 있으며, 《who? special 김연경》, 《who? special 조성진》, 《주말엔 옷장 정리》, 《월드 클래스 한국의 스포츠 스타들》, 《레고 가족》, 《환상 해결사》, 《민쩌미 코디북》 시리즈 등에 그림을 그렸습니다.

다산어린이 공식 카페

책을 더 재미있게, 책을 더 오래 기억하는 방법
다산어린이 공식 카페에는 다양한 독서 활동 자료가 있습니다.
자료를 활용하여 아이들의 독서 흥미를 더욱 키워 주세요.

who? K-pop

SHINee

글 김정욱 | 그림 김래현

다산
어린이

K-POP의 수준을
한 단계 올려놓은 그룹, 샤이니

제가 미국에서 유학할 때의 일이 떠오르네요. 2012년에 싸이의 '강남스타일'이 그야말로 큰 히트를 기록해 전 세계인의 이목이 K-POP이라고 하는 새로운 유행에 관심을 쏟을 때였지요. 저는 당시 음악인류학(ethnomusicology)이라는 전공의 석사과정생으로, 학회에 K-POP 음악의 본질과 전략에 대해 발표할 기회를 얻게 되었습니다. 저는 K-POP을 모르는 외국 학자들에게 K-POP만이 가진 가장 독특한 매력을 소개할 수 있는 그룹이 누가 있을까 고민하다가 샤이니의 'Everybody'를 골랐습니다. 이 곡이 학회장에 울려 퍼지고 세계적인 학자들이 이 뮤직비디오를 보면서 감탄하던 모습을 아직도 잊을 수가 없네요. 한 교수님은 이렇게 말씀하기도 했습니다. "이게 정말 현재의 K-POP 수준이라면 우리는(미국 음악은) 이제 끝났네요."라고요. 내가 만든 음악도 아닌데 말할 수 없는 뿌듯함을 느꼈습니다.

감히 평가하건대, 샤이니는 K-POP의 수준을 한 단계 올려놓은 그룹입니다. 물론 그 이전에도 K-POP의 역사를 수놓은 중요한 아티스트들은 여럿 있었습니다. 어쩌면 대중적으로 인기를 끌었던 그룹들이 더 있었을 겁니다. 하지만 샤이니는 여러 측면에서 정말로 다른 '수준'이었습니다. 당대의 다른 세계적인 팝 음악들과 비교해 절대로

밀리지 않았던 음악적 수준과 세련미는 저같이 평생 음악만 들어온 사람들에게도 적잖은 충격을 주었어요. 보컬부터 퍼포먼스, 게다가 음악 프로듀싱에도 능했던 멤버들의 재능은 말할 것도 없지요. 음악을 전문적으로 평가하고 공부하는 사람으로서 K-POP이 연구할 만한 '가치'가 있다고 느꼈던 첫 아티스트이기도 합니다. '평론가들의 아이돌'이라는 호칭은 아마 그래서 나온 것이 아닐까 싶네요.

데뷔 이래 샤이니의 음악과 무대는 늘 파격적이고 혁신적이었습니다. 쉽고 편한 것이 선호되고 그래야 성공할 확률도 높아지는 대중음악인에게 늘 앞서 새로운 것을 추구한다는 것은 결코 쉽지 않은 도전이었을 것입니다. 남들이 가지 않은 길을 간다는 것이 때로 멤버들에게 불확실하게도 여겨지고 큰 부담으로 다가오기도 했겠지요. 하지만 예술은, 그리고 삶은 때때로 그러한 도전과 모험이 필요합니다. 남들이 만들어 놓은 길을 똑같이 가거나 남들이 하는 정도로 만족했다면 샤이니는 우리에게 이처럼 위대한 그룹으로 기억되지 못했을 것입니다.

어린이 여러분이 《who? K-POP 샤이니》에서 펼쳐지는 샤이니의 이야기를 통해 매력적인 음악이니 춤뿐만이 아닌 도진 징신과 개척자 정신을 배우길 바랍니다.

김영대 음악평론가 👍👍👍👍👍

미국에서 '음악인류학'으로 박사학위를 받았습니다. 이후 방송과 책을 통해 K-POP 및 대중음악에 대한 다양한 분석을 전하고 있어요. 유튜브 '김영대의 School of Music'에서 뮤지션들과 깊이 있는 인터뷰도 꾸준히 진행하고 있습니다. 《지금 여기의 아이돌-아티스트》, 《BTS: The Review》 등의 책을 썼고, 현재 MAMA 어워즈, 한국대중음악상 심사위원으로도 활동하고 있습니다.

차 례

KBS

오랫동안 기다렸던
이분들이 드디어
돌아오셨네요.

네, 정말
목 빠지는 줄
알았어요.

어느덧 데뷔 10주년을
맞이한 그룹입니다.

오늘 팬들과의 약속을
지키려고 이 자리에 섰습니다.

1장

빛이 되기 위해 모이다

> "
> 이 세상에서
>
> 그냥 저절로
>
> 이루어지는 건 없어.
> "

쉬익

촤앗

14

오. 민호! 축구만 잘하는 줄 알았는데 스키도 제법인걸.

미래의 축구 국가대표한테 이 정도로 뭘 그래.

최민호 (활동명: 민호)
메인 래퍼, 보컬

우리 배고픈데 떡볶이랑 어묵이나 먹을까?

좋아. 가자!

● REC

징잉

저기 학생…. 잠시만!

혹시 SM엔터테인먼트라고 아니?

SM entertainment

어리둥절

SM엔터테인먼트 요?

와아-

2005년 청소년 가요제, 이번 순서는 실력파 밴드의 공연입니다!

와아-

김종현 (활동명: 종현)
메인 보컬

까아악

김종현!
김종현!

까아

꺅

멋지다!

실력이
괜찮은데?

특히 저 베이스 치는
친구 말이야. 누군지
한번 알아봐야겠어.

네.

자, 지금부터 SM 토요 공개 오디션을 시작하겠습니다.

이태민 (활동명 : 태민)
메인 댄서, 리드 보컬

쿵 쿵

쭈뼛

쿵

♪

♪

♪

쿵 쿵

소근 소근

에너지가 좋은데?
얼굴도 귀엽고.
이름이 뭐지?

태민입니다.
이태민.

18

웅성
웅성

왜 이렇게
오디션 참가자들이
많냐!

전국 지원자를
다 더하면,
8천 명이 넘는다는데?

그럼 경쟁률이
8천 대 1이란 말이야?
큰일 났다!

8천 명 아니라
8만 명이라도
상관없어.

어차피
우승은 내 거야.

김기범 (활동명: 키)
리드 래퍼, 보컬

안녕하세요.
김기범입니다.
특기는 춤과 랩입니다.

한번
보여 주겠어요?

19

이진기 (활동명: 온유)
리더, 리드 보컬

회사는 지금부터 춤과 노래는 물론 방송에 도움이 될 모든 트레이닝을 실시하겠습니다.

그러니까 여러분 모두 최선을 다하기 바랍니다.

네!

멈칫

가장 뛰어난 연습생을 뽑아 최종 데뷔조로 만든다는 걸 잊지 마세요.

내가 끝까지 살아남을 수 있을까?

춤은 자신 있는데….

어떡하든 살아남아서 데뷔조에 들어가야 해.

아이돌 그룹 데뷔조에 들기 위한 경쟁은 날이 갈수록 치열해졌습니다.

아아아~ 아….

머뭇

머뭇

태민아, 그렇게 소리 내면 안 된다고 했잖아.

변성기 때다 보니까 보컬 트레이닝은 무리인가 싶네. 오늘 연습은 이만 마치자.

죄송해요.

휴~
걱정했던 대로야.

목 때문에
노래 연습도
제대로 못하고….

킥킥

하하

음치래요~

어릴 때 음치라는
소리까지 들었다 보니
갈수록 더 자신이 없어.

이러다 탈락하면
어쩌지?

슉

기운 내.
태민아.

종현이 형.

아직 변성기라
음정이 더 불안할 수 있어.
나도 그랬거든.
금방 지나가니까 걱정 마.

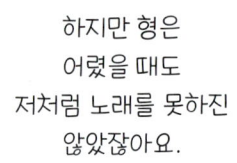

하지만 형은 어렸을 때도 저처럼 노래를 못하진 않았잖아요.

그렇지 않아. 나도 노래를 잘하기 위해 얼마나 애쓴다고.

정말요?

시무룩

당연하지. 이 세상에서 그냥 저절로 이뤄지는 건 없어. 게다가 넌 아직 어린데 나보다 춤도 더 잘 추잖아. 노래 실력도 곧 늘 거야!

종현이 형은 정말 착한 것 같아.

그래, 잘될 때까지 꾸준히 해 보는 거야!

불끈!

진기 형! 여기서 뭐 해요?

태민아.

그게 사실…
연습실이 답답할 때면
여기서 혼자 연습하곤 해.

저기 구름 너머까지
내 소리가 닿을 수 있도록
노래 부르면 소리도 잘 나오고
마음이 편해지거든.

형처럼 노래 잘하는
사람도 걱정이 있어요?

당연하지.
내 마음대로 노래가
잘 안 될 때가 더 많아.

그리고
난 춤을 잘 못 추니까
더 열심히 해야 해.

항상 싱글싱글 웃고
다니니까 걱정이라곤
없는 줄 알았는데
이런 면이 있었네.

형, 저도 형이랑
가끔 이렇게
연습해도 돼요?

사실은 혼자서
연습하니까 발전도 없고
어떻게 해야 하는지
잘 모르겠어요.

좋아. 나도 부족하지만
아는 건 다 가르쳐 줄게.
우리 같이 열심히 해 보자!

한편 멤버들은 연습생 기간 동안 오랜 시간을 함께
보내며 갈등을 겪기도 했습니다.

으, 더러워.
그때그때
치우라니까.

어휴

휙

저벅
저벅

야, 김기범.

선배로서 얘기하는데, 뭘 먹고 나면 바로바로 치우는 거야. 당장 일어나서 먹은 것들 깨끗이 치워!

니 돌 빨았나?

뭐?

도, 돌?

똑같이 계약하고 들어온 연습생인데, 선배고 후배고 어디 있노? 그리 맘에 안 들면 니가 치우라!

선배한테 지금 대드는 거야?

그래! 우짤 낀데?

내가 너보다 먼저 회사에 들어왔거든!

내는 8천 대 1의 경쟁률을 뚫고 들어왔거든!

얘들아, 왜 그래? 진정해!

죄송합니다.

민호야. 집중해.
지금 너만 박자를
못 맞추잖아.

이대로는 안 돼.
춤 실력을 어떡하든
늘려야 해.
뭐 좋은 방법이
없을까?

아, 벌써 새벽
세 시네. 피곤해.

어서 들어가서
쉬어야지.

쿵
쿵

끼익

이 시간에
무슨 소리지?

파앗

팟

뭐야?
김기범이네!

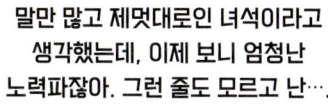

말만 많고 제멋대로인 녀석이라고
생각했는데, 이제 보니 엄청난
노력파잖아. 그런 줄도 모르고 난….

역시 춤을
잘 추는 데는
다 이유가 있었어.
그래, 나도
지지 않겠어!

이후 3년여에 걸친 연습생 시절 동안 멤버들은
저마다 열심히 하는 모습에 서로 자극받기도 하
고 도움을 주고받으며 실력을 키워 나갔습니다.

대체 불가 육각형 아이돌, 샤이니

샤이니는 2008년 데뷔 이래 지금까지 큰 사랑을 받고 있어요. 샤이니가 팬들의 사랑을 받을 수 있었던 비결을 알아봐요.

하나 아이돌 최초로 Contemporary R&B 개척

샤이니는 2008년 컨템퍼러리 밴드(Contemporary band)를 내세우며 데뷔했어요. '컨템퍼러리 밴드'란 음악, 춤, 패션 등 모든 부분에서 트렌드를 제시하고 이끌어 가는 팀을 말해요. 컨템퍼러리 밴드라는 콘셉트에 걸맞게 음악 역시 기존의 아이돌 음악과는 다른 새로운 시도를 했지요.

샤이니는 아이돌 최초로 R&B 기반의 부드러운 음악을 선보였는데, 그게 바로 데뷔곡인 '누난 너무 예뻐(Replay)'예요. 감성적이고 세련된 멜로디가 10~20대들의 사랑을 받으면서, 이 곡이 발표된 이후로 R&B를 시도하는 아이돌 그룹이 늘어났어요.

5인조 컨템퍼러리 밴드로 데뷔한 샤이니

둘 장르 확장의 선두 주자

샤이니는 컨템퍼러리 밴드에 걸맞게 다양한 장르의 음악을 시도하기도 했어요. 4집 앨범 수록곡인 'View'는 샤이니의 음악 장르 실험의 대표적인 곡이라고 할 수 있어요. 'View'는 몽환적인 분위기가 특징인 딥 하우스 장르의 곡으로, 샤이니는 해당 곡을 통해 K-POP에 처음으로 딥 하우스 장르를 선보였어요. 이 곡이 나온 뒤부터 여러 아이돌 그룹이 딥 하우스 장르의 곡을 내놓았지요.

이 밖에도 록이나 발라드, 레트로, 뉴 잭 스윙 등 샤이니는 매번 새로운 스타일의 음악을 팬들에게 들려주었어요.

셋 강렬한 퍼포먼스와 수준급 라이브 실력

샤이니의 성공 비결에서 실력을 빼놓을 수 없어요. 샤이니는 화려하고도 정교한 퍼포먼스로 유명해요. 아무리 빠르고 복잡한 안무여도 멤버들이 마치 한 몸이라도 된 것처럼 정확한 박자로 춤추는 것을 보면 감탄이 절로 나오지요. 'LUCIFER'와 'Sherlock', 'Everybody'는 샤이니의 멋진 퍼포먼스를 볼 수 있는 대표적인 곡이에요.

샤이니는 가창력 또한 뛰어났어요. 'LUCIFER'로 컴백했을 당시, 강렬한 퍼포먼스를 하면서 라이브를 완벽하게 소화해 화제가 되기도 했지요.

넷 10년을 훌쩍 넘어도 여전한 아이콘

매년 새로운 아이돌 그룹이 등장하거나 사라지지만 샤이니는 데뷔한 지 17년이 된 지금까지도 활발히 활동하고 있어요. 2023년에는 8번째 정규 앨범 <HARD>를 발매하는 한편, 데뷔 15주년을 맞아 샤이니의 발자취를 되짚어 보는 영화 <마이 샤이

니 월드>가 개봉되었어요.

멤버마다 활약할 뿐 아니라 그룹 '샤이니'로서의 모습도 꾸준히 보여 주며 팬들의 사랑에 보답하는 것은 물론, '롱런의 정석', '시간을 초월한 아이돌'이라는 평가를 받고 있어요

'Sherlock' 퍼포먼스를 하는 샤이니

who? 지식 사전

샤이니로부터 퍼져 나간 '송 캠프' 시스템

'송 캠프'는 국내외 여러 작곡가가 모여 함께 음악을 만드는 시스템을 말해요. 송 캠프가 시작된 곳이 바로 샤이니가 소속되어 있는 SM엔터테인먼트예요. 2009년 처음 도입한 송 캠프를 통해 여러 나라의 창작자들이 음악적으로 교류하며 더 좋은 음악을 만들게 되었지요. 이전까지 '양산형'이라며 비판받아 왔던 K-POP 문제의 해결점이 보이자, SM엔터테인먼트는 2011년부터 본격적으로 송 캠프를 활용했어요. 현재 송 캠프는 K-POP 음악 작업의 표준으로 여겨진답니다.

2장

무서운 신인 아이돌의 등장

"

안녕하세요!

컨템퍼러리 밴드

빛나는 샤이니입니다.

"

자, 지금부터
10분 휴식!

짝
짝

종현이랑 태민이
오늘 아주 좋았어!

감사합니다!

감사해요.

척

….

부럽다.

뭐야?
종현이 형이랑 태민이만
벌써 최종 멤버로
결정된 거 아냐?
나도 더 분발해야겠어.

나도 춤 실력이
좀 더 늘어야
할 텐데….

아직도 움직임이
너무 뻣뻣해.
연습 시간을
더 늘려야겠어.

그러던 어느 날

전원 집합!

여러분.
그동안 데뷔조 결성을 위해
이 힘든 트레이닝을 받느라
고생 많았습니다.

드디어
데뷔조 선발인가?

제발….

긴장돼.
숨도 잘 안 쉬어져.

그럼 지금부터
월말 평가와
팀 미션 평가, 개인 평가,
인성 평가 등 점수를
종합한 최종 결과를
발표하겠습니다.

마침내 온유, 종현, 키, 민호, 태민, 이렇게 다섯 명은 꿈에 그리던 아이돌 그룹의 데뷔를 앞두게 되었습니다.

이사님!
혹시 저희들 그룹명은
정해졌나요?

물론이지.

샤이니?

'빛나다'라는 뜻이 있는
'Shine'에 명사형 어미
'ee'를 조합해서 만들었어.
너희들 모두가 빛을 받는
사람이 되라는 뜻으로
만든 이름이야.

마치 태양 빛을
받은 별들이
반짝이는 것처럼.

정말 멋진데요!

진기랑 기범이는 이수만 선생님이 활동명을 새로 지어 주셨다.

저희만요?

진기는 '온유'다.

감사합니다. '온유', 저랑 잘 어울리는 것 같아요.

저는요, 이사님?

기범이는 '키'야. 무엇이든 열 수 있는 만능열쇠!

키…요?

내 이름만 좀 이상한 것 같아. 히잉.

너희는 음악뿐만 아니라 춤, 패션 등 모든 부분에서 트렌드를 이끌어 가는 컨템퍼러리 밴드가 될 거다.

지금까지도 많이 애썼지만, 사실 이제부터가 더 중요해.

완벽한 무대를 위해 데뷔 날까지 각자 부족한 부분을 연습할 수 있도록 하자!

네~!

샤이니 멤버들은 데뷔를 앞두고 한층 더 연습에 열을 올렸습니다.

자! 모두 모여 봐라!
따끈따끈한 곡이 왔는데,
한번 들어 볼래?

훅

네!

둥칫 ♪♫ 둥 ♪♫
둥
♫♪

둥칫 ♪♫ 쿵쿵 ♪
탁탁

VOLUME

탁

어때?

멜로디나 리듬이
색달라요.

전 듣는 순간
느낌이 왔어요.

춤추기에도
좋은 노래 같아요.

마음에 든다니 다행이구나. 사실 이 음악이 너희 데뷔곡이 될 거거든.

이 노래가요?

어쩐지 우리 곡이라는 생각이 팍 들었다니까요.

너희 노래 실력이 걱정스러워서 처음엔 랩 음악으로 정하려고 했는데 대표님이 절대 안 된다고 하셨어.

그러던 중에 너희들 노래 실력도 많이 향상돼서 결국 이 노래로 결정된 거야.

이 곡 제목이 뭐죠?

'누난 너무 예뻐.' 제목처럼 풋풋하고 귀여운 연하남이 너희 콘셉트야.

우리가 연하남…?

이후 샤이니 멤버들은 데뷔를 위해 녹음도 하고 자켓 사진과 화보 사진도 찍으며 바쁜 하루를 보냈습니다. ♪

데뷔 날도 얼마 안 남았는데 좀처럼 안무가 몸에 익지 않아.

휴

오늘은 밤새 연습해야지.

다른 멤버들에게 폐를 끼칠 순 없어.

철컥

민호 형!

멈칫

어! 태민이 네가 이 시간에 여긴 왜?

뭐야? 불청객이 또 있었네.

에이엠

온유 형! 종현이 형! 키까지!

방수구

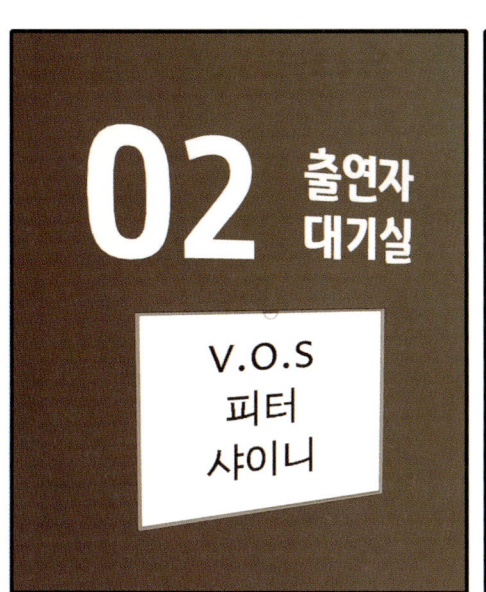

이제 리허설 시간 얼마 안 남았어요! 어서 준비하고 나오세요!

후다닥

네! 금방 갈게요!

2008년도 최고의 유망주를 소개합니다! 우주에서 온 다섯 개의 별! 샤이니!

팟

파앗

와아ー

까ー

와ー

다행히 샤이니는 성공적으로 데뷔 무대를 마쳤고 그 반응은 온라인을 통해 금세 나타났습니다.

ID : eluu
오늘 샤이니 데뷔 무대 대박!

SM이 작정하고 만든 듯

ID : ouu_u
완전 완성형 아이돌이야~

ID : eluu
나 오늘부터 샤이니 입덕!!

얘들아, 수고했다.

팬들은 물론이고 언론이나 평론가들 반응도 아주 좋아. 음악성도 뛰어나고 앨범의 실험적인 시도가 아주 좋대.

짝

와아-

근데 앞으로 방송에 나갈 때 다 같이 할 인사법을 정하면 어때?

좋아!

우리 그룹의 정체성을 나타내는 인사법이면 좋겠는데.

이건 어때요?

빛나는 샤이니?

한편 회사에서는 데뷔곡의 반응이 좋자 곧바로 정규 앨범을 내기로 결정했습니다.

샤이니의 첫 정규 앨범을 8월에 내기로 했다.

우리가 정규 앨범을!

와

왕아

첫 타이틀곡은 뭐예요?

'산소 같은 너'다.

정규 앨범 발매가 얼마 안 남았으니 힘껏 달려 보자고.

염려 마세요! 저희 첫 앨범인데 온 힘을 다 쏟아야죠!

그리고 참! 태민이는 잠깐 나 좀 보자.

멈칫

'누난 너무 예뻐'에서 네 노래 파트가 다른 멤버들에게 넘어갔잖니.

실력이 많이 부족했어요….

너도 알다시피 춤이나 퍼포먼스도 중요하지만 가수라면 노래를 잘해야 하거든.

태민아. 이번엔 무슨 일이 있어도 네 파트를 살려야 해. 알겠지?

네.

언제까지 다른 멤버들에게 짐이 될 순 없어. 어떡하든 샤이니에 어울리는 라이브 실력을 갖출 거야.

그만!

두둥

또 실팬가?

태민아.

너 정말 대단하구나! 짧은 시간에 이렇게나 성장하다니!

정말요?

누구와 견주어도 뒤지지 않을 만한 실력이야!

와아!

와아

와아아

태민의 노력 덕분인지 '산소 같은 너'는 샤이니에게 데뷔 후 첫 1위의 영광을 안겨 주었습니다.

GOLDEN DISK AWARDS

그럼 2008년
골든 디스크 어워즈 신인상을
발표하겠습니다!

두구
두구

영광의 주인공은
신인답지 않은
라이브 무대를 보여 준

샤이니!

파앗

58

얼마 뒤 샤이니는 다른 시상에서도 신인상을 받으며, 그해 개최된 모든 시상식에서 신인상을 받는 '신인상 그랜드 슬램'을 이루었습니다.

샤이니의 음악 세계

샤이니는 앨범마다 다양한 시도를 했어요.
샤이니가 어떤 노력을 기울였고,
어떤 노래가 사랑을 받았는지 알아봐요.

하나 정규 1집 〈The SHINee World〉 – 산소 같은 너

2008년에 발매한 앨범으로, 다양한 음악 장르를 선보였어요. 타이틀곡인 '산소 같은 너'는 덴마크의 유명곡인 'Show the world'를 샤이니만의 색깔로 리메이크한 것으로, 밝고 경쾌한 댄스팝이에요. 멤버들의 세련된 보컬에 정교한 퍼포먼스가 더해져 많은 사랑을 받았답니다.

둘 미니 3집 〈2009, Year Of Us〉 – Ring Ding Dong

2009년에 발매한 미니 앨범으로, 소년 같은 이미지를 벗어나 좀 더 성숙한 모습을 보여 주고자 했어요. 노래 역시 강렬한 사운드의 일렉트로팝이 주를 이루었지요. 대표적인 곡이 바로 'Ring Ding Dong'이에요.
'Ring Ding Dong'은 강렬한 비트와 후렴구로 유명한 노래로, 후렴 부분에서 '링딩동'이라는 가사가 반복돼요. 훅송의 대표적인 예라고 할 수 있지요. 한번 들으면 머릿속에서 계속 맴돌 정도로 중독성이 강해 '수능 금지곡'이라고 불리기도 했어요.

셋 미니 4집 〈Sherlock〉 – Sherlock

2012년에 발매한 미니 앨범이에요. 샤이니의 실험 정신이 빛난 앨범이기도 하지요.
〈Sherlock〉의 타이틀곡인 'Sherock'은 강렬한 브라스 사운드와 복잡한 리듬이 특징인 일렉트로 펑크 장르 곡으로, 'Clue'와 'Note'라는 별개의 두 곡을 합쳐 만든 하이브리드 리믹스 곡이에요.
이 곡을 시작으로 K-POP에서 곡을 조합하거나 리믹스 기법을 활용하는 등, 변칙적으로 곡을 구성하는 방식이 발전하게 되었어요.

정규 4집 〈Odd〉 – View

2015년에 발매한 정규 앨범의 타이틀곡 'View'는 당시 한국에서는 생소했던 딥 하우스 장르의 곡이에요. 부드러운 비트와 몽환적인 분위기의 딥 하우스는 기존의 K-POP 곡들과 달리 강렬한 훅이 없고, 유려한 흐름을 강조했어요. 하지만 샤이니는 'View'를 통해 강한 후렴 없는 음악도 대중의 사랑을 받을 수 있다는 것을 증명했지요.
'View' 이후로 K-POP에서 딥 하우스 기반의 곡들이 등장하기 시작했어요. 따라서 'View'는 K-pop을 한 단계 진화할 수 있게 이끈 곡이라 평가됩니다.

다섯 정규 7집 〈Don't Call Me〉 – Don't Call Me

2021년에 발매한 정규 앨범으로, '틀에 갇힌 시선으로 샤이니를 정의하지 말라'는 의미를 담았다고 해요. 앨범에 담긴 의미처럼 샤이니로서는 처음으로 힙합 댄스 장르를 선보였어요. 그 노래가 바로 타이틀곡인 'Don't Call Me'예요.
'Don't Call Me'는 강한 트랩 비트와 직설적인 랩으로 사랑에 배신당한 주인공의 히스테릭한 감정을 표현했어요. 이 곡은 다른 아이돌 그룹이 강렬한 트랩 비트를 전면적으로 사용하는 계기가 되기도 했어요.

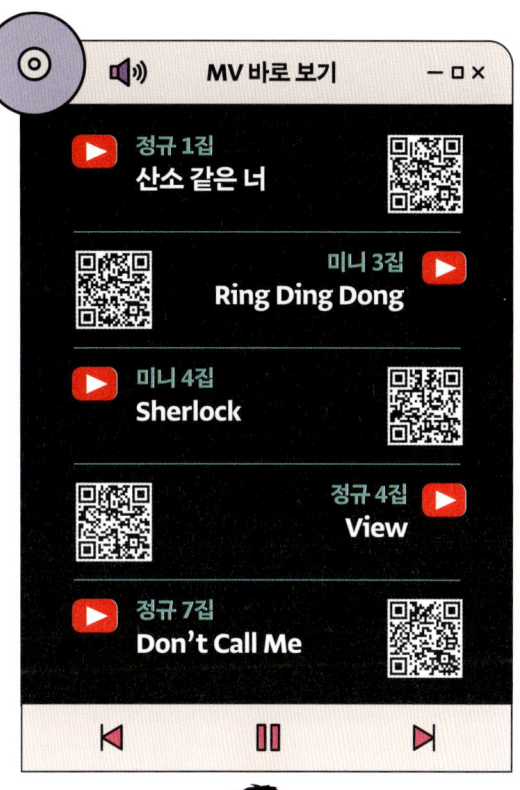

MV 바로 보기

정규 1집
산소 같은 너

미니 3집
Ring Ding Dong

미니 4집
Sherlock

정규 4집
View

정규 7집
Don't Call Me

who?
지식 사전

K-POP을 움직이는 숨은 주역 A&R

A&R은 Artist and Repertorie의 약칭으로, 아티스트의 음악적 방향성을 기획하고, 곡을 선정하며 앨범 제작을 총괄하는 부서, 또는 사람을 말해요.
A&R은 아티스트를 발굴하는 일부터 참여해요. 소속사가 원하는 음악에 어울리는 신인을 찾아 육성하는 한편 앨범을 기획하지요. 또 뮤직비디오나 앨범 비주얼 디렉팅에도 참여해요.
이처럼 A&R은 아티스트를 브랜드로 만드는 데 핵심적인 역할을 한답니다.

3장

새로운 도전을 향해

> 두고 보렴.
> 이 노래는 그동안 너희들이 갖고 있던
> 이미지를 모조리 바꿔서
> 새로운 샤이니를 만들어 줄 거야!

그 노래라면 저도 알아요. 멜로디 라인이 좋았던 걸로 기억해요.

그럼 작사가에게 작사를 맡기면 되지 않나요?

곡은 좋은데, 문제는 가사야. 그 노래 가사를 그대로 번역해서 쓰기에는 문제가 있거든.

그것보다, 종현이가 써 보는 건 어때?

깜짝

네? 제가요?

맞아. 종현이 넌 작곡이나 작사에 관심도 많잖아.

그래요.

한번 해 봐요. 형.

결국 종현은 모두의 지지를 받은 끝에 미니 2집 앨범의 타이틀곡 작사를 맡게 되었습니다.

곡과 어울리면서도 우리의 색깔을 담을 수 있는 주제가 없을까?

아, 이것도 아니야.

역시 나한텐 무리였나?

그러다가 머리 다 빠진다.

온유 형!

너무 부담 가지면 오히려 더 힘들어지더라. 안 될 때는 쉬는 것도 방법이야.

온유 형 말이 맞아. 안 되는데 계속 붙잡고 있는 건 바보 같은 짓이야.

머리나 식힐 겸
영화나 볼까?

어? 이게 뭐지?
되게 오래된 영화네.

로미오와 줄리엣.
그래, 바로 이거야!

두근
두근

초조...

오, 가사가 너무 좋은데.
곡이랑 너무
잘 어울리는 거 같아.

풋풋하면서도
애틋한 분위기가
너희랑
잘 어울려.

당장 파트 나누고 진행하자. 도입부는 역시 종현이가 해야겠지?

할짝

종현이 형, 축하해요!

와~ 이제 형 싱어송라이터야!

멋지다!

그렇게 만들어진 타이틀곡 '줄리엣(Juliette)'은 2009년 5월 샤이니가 컴백하면서 곧바로 음악 방송에서 1위를 하며 큰 인기를 누렸습니다.

그래서 다음 앨범에는 너희들의 이미지 변신을 위한 음악을 준비해 볼까 해.

흠- 이미지 변신이라….

맞아.
같은 이미지만 있다 보면
대중은 금세
우릴 지겹게 여길 수 있어.

어떤 콘셉트가
우리에게 잘 맞을까?

갸우뚱

안녕하세요!

녹음실

어서 와라.

안 그래도 가이드가
좀 전에 끝나서 너희들에게
가장 먼저 들려주려고
불렀다.

덜
컹

지난번 이야기한
미니 3집 타이틀곡이
정해졌나요?

응, 너희들 의견과
경영진 의견을
수용해 정했다.
한번 들어 볼래?

네!

링딩동
링딩동~

링디기디기

링딩동
링딩동~

링딩동

링딩동 링딩동~

어때?

드럼 소리가 독특한 것 같아요.

맞아. 아프리카 콩고 드럼을 썼거든.

박자나 구성도 지금까지 했던 음악이랑 다르게 들려요.

무게감이 있다고 할까?

이 음악으로는 이 전과는 다른 강한 퍼포먼스를 할 수 있을 것 같아요.

맞아요.

그게 내가 원하던 바야. 강렬한 비트를 써서 음악적인 면뿐만 아니라 너희들의 이미지까지 변신하도록 하는 게 이번 앨범의 목표야.

그런데 후렴구가 특이해요. 듣고 나면 계속 귀에서 맴도는 게…. 왜 링딩동이라는 가사가 반복되는 거예요?

하하

굴적

링딩동은 사랑에 빠진 순간 머릿속에서 울리는 벨 소리 같은 거야.

두고 보렴.

이 노래는 그동안 너희들이 갖고 있던 이미지를 모조리 바꿔서 새로운 샤이니를 만들어 줄 거야!

결국 'Ring Ding Dong'을 타이틀곡으로 정한 샤이니 멤버들은 전에 볼 수 없는 강렬한 콘셉트를 바탕으로 안무 연습에 몰두했습니다.

이제 시험이 얼마 안 남았네. 열심히 공부해야지.

링딩동링딩동-
링디기-딩디기-
딩딩딩-
링딩동-링딩동-

'Ring Ding Dong'은 중독성 높은 후렴구로 인해 수능 금지곡이라는 명성을 얻을 정도로 큰 인기를 누렸고,

으으… 왜 이러지? 나도 모르게 자꾸 링딩동 가사가 떠올라!

링딩동 링딩동-

링딩동- 링딩동-

링디기- 딩디기- 딩딩딩-

링딩동- 링딩동-

링딩동 링딩동-

덕분에 샤이니는 처음으로 지상파 음악 방송 삼관왕을 차지하며 청량한 연하남의 이미지를 벗어나는 데 성공했습니다.

민호야!

대체 이게 어떻게 된 일이야?
몸은 좀 어때?

종아리 근육이
파열됐다는구나.

네?

그래서 말인데
아무래도 컴백 일정을
미뤄야 할 것 같다.

그럴 순 없어요!

그동안 얼마나 많이 준비했는데요. 저 하나 때문에 컴백을 미룰 순 없어요.

목발을 짚고서라도 활동할 테니 컴백 시기를 늦추지 말아 주세요.

민호 형!

민호야…

결국 민호와 멤버들의 노력 덕분에 샤이니는 'LUCIFER'라는 곡으로 성공적인 컴백을 했고, 지상파 음악 방송에서 2주 연속 1위를 했습니다.

까아

와

그 무렵 회사에서는 샤이니가 일본에서 데뷔하는 것을 시작으로 세계로 진출할 수 있도록 준비했습니다.

마침내 오랜 준비 끝에 2010년 12월 26일 도쿄의 요요기 국립 경기장에서 일본에서의 첫 콘서트 'SHINee WORLD'가 성공적으로 열렸습니다.

이어 얼마 뒤에는 샤이니의 글로벌 성장 가능성을 높게 본 협력사가 일본에서의 정식 데뷔를 알리는 '쇼케이스'를 일본이 아닌 영국 애비 로드 스튜디오에서 열기로 하는 파격적인 결정을 내렸습니다.

우리가 일본 싱글 발매 기념으로 애비 로드 스튜디오에서 공연을 한다고요?

그래, 너희가 아시아 가수 최초로 애비 로드 스튜디오에서 라이브를 하는 거야.

공연 실황은 후지 TV를 통해 일본 전역에 방송으로도 나갈 거야!

에비 로드 스튜디오는 비틀즈가 1960년대에 '애비 로드'를 비롯해 여러 앨범을 녹음하면서 뮤지션들에게 성지로 여겨지는 곳이잖아!

거기서 우리가 공연하다니 믿을 수 없어.

우리가 세계 무대로 도약할 절호의 기회야. 최고의 공연을 해 보자고!

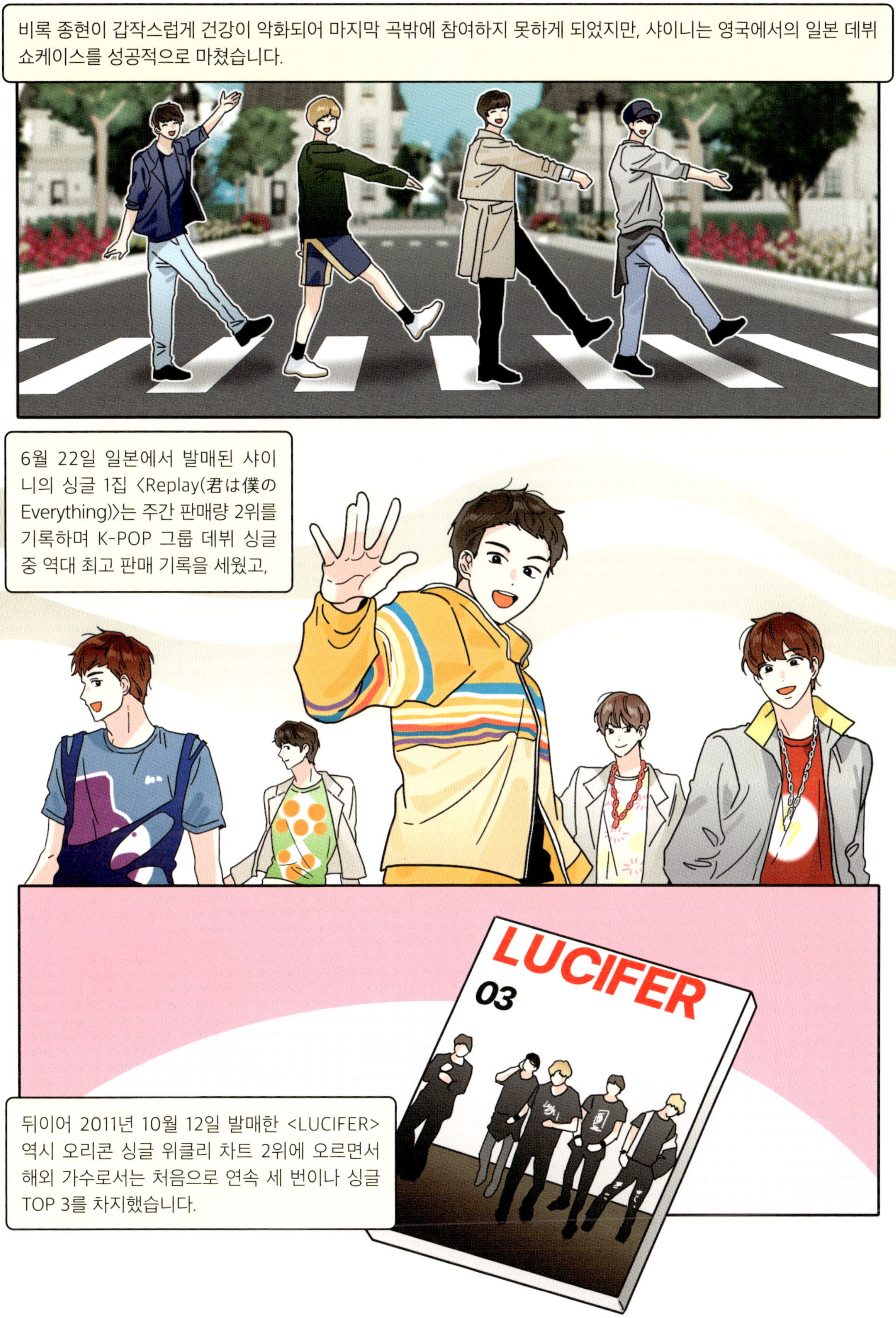

비록 종현이 갑작스럽게 건강이 악화되어 마지막 곡밖에 참여하지 못하게 되었지만, 샤이니는 영국에서의 일본 데뷔 쇼케이스를 성공적으로 마쳤습니다.

6월 22일 일본에서 발매된 샤이니의 싱글 1집 〈Replay(君は僕の Everything)〉는 주간 판매량 2위를 기록하며 K-POP 그룹 데뷔 싱글 중 역대 최고 판매 기록을 세웠고,

LUCIFER
03

뒤이어 2011년 10월 12일 발매한 〈LUCIFER〉 역시 오리콘 싱글 위클리 차트 2위에 오르면서 해외 가수로서는 처음으로 연속 세 번이나 싱글 TOP 3를 차지했습니다.

아~
몇 달째 해외 공연만
다니다 보니까
집밥 먹고 싶어.

숙소 앞 편의점에서
먹던 라면에 삼각김밥이
최고였는데.

난 국밥 먹고 싶어!

너희들 자꾸 먹는
얘기만 할래?

힝~ 나도
먹고 싶잖아.

다들 주목!

너희들이 노력해 준 덕분에 대만, 중국, 싱가포르에 이어 일본까지 모든 아시아 투어가 잘 마무리되었다. 티켓 파워는 물론이고 온라인에서도 기대 이상의 성과를 냈어.

와아!

오오!

그럼 이제 한국으로 돌아가나요?

한식 먹고 싶어요.

물론 가야지. 그런데 그 전에 너희에게 전할 소식이 하나 있다.

세계 여러 나라의 팬으로부터 아시아에서만 활동하지 말고 유럽에서도 공연을 해 달라는 요청이 폭주하고 있어.

그래서 이번에 한국 아이돌 그룹 최초로 영국 런던에 있는 오데온 웨스트 엔드 극장에서 단독 공연을 하기로 했다.

우리가 팝의 본고장 영국에서 단독 공연을 한다고요?!

그렇게 무대에 오른 샤이니는 영국 팬들 앞에서 훌륭한 무대를 선보이며 세계적인 아티스트로 발돋움하게 되었습니다.

샤이니의 멤버별 인물 탐구 1

샤이니는 개개인의
역량이 뛰어난 것으로도 유명해요.
멤버마다 어떤 매력이 있는지 살펴봐요.

하나 든든한 리더, 온유

온유는 샤이니의 리더이자 리드 보컬이에요. 데뷔 초에는 리더라는 역할에 부담을 느꼈다고 해요. 하지만 무대 위에서뿐 아니라 평소에도 멤버들을 꼼꼼히 챙기며 리더로서 다른 멤버들을 든든히 받쳐 주었지요. 타 그룹 멤버들에게 '우리 그룹의 리더라면 좋을 것 같은 다른 그룹 리더'로 뽑힐 만큼 멋지게 리더 역할을 하고 있어요.

온유는 독보적인 음색을 지닌 것으로도 유명해요. 한 대중음악 평론가는 온유를 보고 '저 위의 누군가가 점지한 천혜의 음색을 타고난 보컬리스트'라고 했어요. 음색이 청량하고 투명할 뿐만 아니라 높고 까다로운 음을 무리 없이 소화하면서도 섬세함을 잃지 않는다며 칭찬을 아끼지 않았지요.

뿐만 아니라 박자가 정확하고 성량도 풍부해서 라이브와 음원이 구별이 가지 않을 만큼 라이브를 잘한다는 평을 듣기도 했어요. 2014년 성대 수술을 받아 한동안 소리를 전혀 낼 수 없었던 적도 있지만, 다행히 성공적으로 재활을 끝내고 〈SHINee WORLD IV〉 콘서트에서 모든 곡을 라이브로 소화했어요. 이후에도 변함없이 아름다운 노래를 들려 주고 있지요.

음악에 대한 온유의 열정은 노래를 부르는 것에만 그치지 않아요. 솔로 활동을 하며 낸 여러 음반에서 다방면으로 참여하고 있거든요. 특히 2024년에 발매한 미니 3집 〈FLOW〉와 2025년에 나온 미니 4집 〈CONNECTION〉, 정규 2집 <PERCENT>에서 전곡 프로듀싱과 작사에 참여했어요. 이 음반들에서 그동안 키워 왔던 음악적 역량을 마음껏 펼치며 아티스트로서 한 단계 더 나아가기 위해 노력하고 있어요.

온유는 음반 활동뿐 아니라 다른 분야로도 활동 영역

을 넓혔어요. 2010년에는 뮤지컬에 도전했어요. 〈형제는 용감했다〉의 주봉 역을 소화하는가 하면 〈신흥무관학교〉, 〈귀환〉, 〈태양의 노래〉에서 뮤지컬 배우로서의 모습을 보여 주었어요.

2016년 드라마 〈태양의 후예〉에서 흉부외과 레지던트 1년 차인 '이치훈' 역을 맡아 정극에 도전했고, 2024년에는 영화 〈4분 44초〉에 출연하기도 했어요.

온유

아이돌을 넘어선 아티스트, 종현

종현은 샤이니의 메인 보컬로, 데뷔 초부터 뛰어난 가창력으로 화제가 되었어요. 호소력 짙은 목소리로 감정을 섬세하게 표현하는 한편, 저음과 고음 모두 자유자재로 소화하여 곡 중 어려운 부분을 도맡아 불렀어요. 그의 독특한 보컬은 곧 샤이니의 특징이 되기도 했지요.

어릴 적 꿈이 작곡가였던 종현은 노래뿐 아니라 프로듀싱 능력에서도 두각을 나타냈어요. 미니 2집 앨범 〈Romeo〉의 타이틀곡 '줄리엣(Juliette)'을 직접 작사하면서 그 뒤부터 앨범마다 꾸준히 작사에 참여했어요. 2013년에는 아이유의 '우울시계'를 작사, 작곡하기도 했지요. 이후 샤이니의 곡뿐 아니라 EXO, 이하이, 태민 등 여러 가수들의 곡을 만들었어요. 특히 본인의 솔로 앨범은 거의 모든 곡을 직접 만들어, 프로듀서로서의 능력을 대중들에게 증명했답니다.

종현 역시 샤이니로 활동하는 틈틈이 개인 활동을 했어요. 솔로 앨범을 발표하는가 하면 라디오 DJ가 되어 MBC 심야 라디오인 〈푸른밤 종현입니다〉를 3년 넘게 진행했어요. 2015년에는 MBC 방송연예대상 라디오 부문 우수상을 타기도 했지요.

〈푸른밤 종현입니다〉에서는 종현의 제안으로 비정기 코너를 운영하며 사연을 받아 종현이 작사, 작곡을 했는데요. 종현은 이 노래들을 재편곡해 소품집 〈이야기 Op. 1〉과 〈이야기 Op. 2〉를 발표했어요. 또한 해당 앨범과 종현이 작곡한 기존 샤이니 곡을 더해 총 12곡의 노래에 대한 비하인드 스토리를 엮은 소설집 《산하엽 - 흘러간, 놓아준 것들》을 출간하기도 했지요.

이처럼 종현은 아티스트이자 프로듀서형 아이돌로서 자리매김했어요.

종현

SHINee is Back!

> 역시 우린
>
> 남들 안 하는 걸 해야 해.

어때?

이건 'Clue'랑 'Note'를 합친 거잖아요. 너무 신선하고 좋은데요!

이게 하이브리드 리믹스군요! 어떤 춤을 출지 벌써 그려져요.

더 놀랄 얘기 해 줄까?

안무는 마이클 잭슨과 자넷 잭슨의 안무 디렉터였던 토니 테스타가 맡아 줄 거야.

토니 테스타라고요?!

아~ 피곤하다.
밤도 늦었는데
이제 그만 집에 갈까?

하암

주춤

엇,
연습실에 불이?

연습실

끼익

쿵쿵

팟

쿵

팡앗

뭐, 뭐야?
너희들 지금까지
연습하고 있었어?

아- 토니!
마침 잘 왔어요!
우리가 연습한 것
좀 봐 줄래요?

원더풀!
이 어려운 안무를
짧은 시간에 완성하다니.
너희들은 정말 최고야!

2012년 3월 16일, 유튜브에 샤이니의 새 앨범에 수록된 7곡의 하이라이트 메들리 영상이 올라왔습니다.

얘들아, 이번에 올라온 샤이니 영상 봤니?

응! 대박! 완전 충격이었어!

키 머리 색깔은 어떻고!

난 태민이가 제일 멋지더라. 빨리 컴백 무대 보고 싶어.

3월 22일

드디어 오랜 공백기 끝에 미니 4집 앨범 〈Sherlock〉으로 돌아왔습니다! 최고의 아이돌 그룹 샤이니!

이사님, 이번 활동 반응이 좀 어때요?

완전 대박이야! 특히 음악 비평가들의 평가가 좋아.

그동안 시도하지 않은 것들을 보여 줘서 좋은 평가를 받았나 봐.

'Sherlock' 덕분에 그동안 샤이니가 고정적으로 갖고 있던 어린 남동생 이미지에서 벗어나게 될 것 같구나. 남자 팬들도 늘었고 말이야.

저희한테 남자 팬이요?

댄스 연습실

너희들 새로 나온 샤이니 음악 들어 봤어?

샤이니? 누나 어쩌고 하는 아이돌 아냐? 걔네가 왜?

이사님, 방금 뭐라고 하셨어요?

아레나라고요?

그래. 일본에서 샤이니의 첫 번째 아레나 투어를 진행하기로 했다.

끄덕

일본 아레나 투어 공연장은 엄청난 규모라고 하던데….

긴장~

맞아. 웬만한 가수는 콘서트 표를 다 못 판대.

설마… 자신 없니?

그럴 리가요! 아레나 투어는 제 꿈이라고요!

그럼요! 도전해야죠!

아레나 투어 전 석을 매진시킬 거라고요!

2012년 4월 25일 후쿠오카를 시작으로 일본 7개 도시에서 총 20회에 걸쳐 벌어진 샤이니의 첫 번째 아레나 콘서트 투어는 한국 가수로서 처음으로 아레나 투어 최다 관객인 20만 명을 달성했습니다.

또한 같은 시기 일본에서 네 번째 싱글 <Sherlock>이 발매되면서, 커플링 곡 'Keeping Love Again'이 오리콘 차트 2위까지 오르기도 했습니다.

샤이니의 멤버별 인물 탐구 2

샤이니 멤버들은 그룹 활동 외에
개인 활동도 활발했어요.
나머지 세 멤버는
어떤 활동을 했는지 알아봐요.

하나 다재다능한 만능열쇠, 키

키는 샤이니의 리드 댄서 겸 보컬, 리드 래퍼를 맡고 있어요. 개성 있는 음색에 랩 실력도 뛰어나고 춤도 잘 춰서, 별칭처럼 만능열쇠 키라 할 만하지요.

그룹 내에서 키의 재능이 발휘되는 분야가 하나 더 있어요. 바로 의상이에요. 키는 패션 감각이 좋은 것으로 유명해요. 이는 무대 위에서도 여지없이 발휘되었어요. 2015년, 'View' 활동 당시 키는 직접 무대의상을 스타일링하고 싶었다고 해요. 그래서 의상 콘셉트와 연출 기획, 예산까지 모두 준비해 직접 프레젠테이션을 했다고 합니다. 이후로 콘서트 등 다양한 샤이니의 무대 의상이 키의 아이디어로 탄생했지요.

키는 다른 멤버들처럼 솔로 앨범을 내는 한편, 예능에서 두각을 나타내었어요. 재치 있는 말솜씨와 순발력 덕에 MBC 〈나 혼자 산다〉, tvN 〈놀라운 토요일-도레미 마켓〉 프로그램에 몇 년째 고정으로 출연하며 많은 사랑을 받고 있어요.

또한 다른 분야에 도전하는 것을 서슴지 않았어요. 2012년에 〈캐치 미 이프 유 캔〉을 시작으로 〈삼총사〉, 〈조로〉 등 다양한 뮤지컬 무대에 섰고, 2016년에는 연극 〈지구를 지켜라〉에서 주인공 '이병구' 역을 맡으며

키와 민호

연기에 도전했답니다.

열정적인 에너지, 민호

민호는 샤이니의 메인 래퍼이자 보컬로 대부분의 곡 랩 메이킹에 참여했어요. 활동 초반에는 랩 파트를 주로 맡아 했지만, 차차 보컬 실력이 늘면서 노래 비중이 높아졌지요. 다른 멤버들보다 음역대가 낮아 묵직하면서도 안정적으로 노래를 소화한답니다.

민호는 매사에 열정적이고 최선을 다해요. 이러한 모습을 보여 준 게 바로 체육 예능 프로그램이었지요. 타고난 운동신경으로 2009년 〈출발 드림팀 시즌 2〉에서 거침없이 장애물을 피해 질주하는 모습을 보여 줬던 그는 〈아이돌 스타 육상 선수권 대회〉에서 승부사로서의 기질을 드러내기도 했어요. 다른 멤버들에 비하면 솔로 활동에는 소극적이었던 민호는 데뷔 14년 만에 처음으로 솔로 앨범을 냈고, 2024년에 정규 앨범 〈CALL BACK〉을 발표해요. 또한 연기에 자기만의 에너지를 쏟고 있어요. 2010년 KBS2 〈드라마 스페셜 – 피아니스트〉라는 단막극으로 연기를 시작한 민호는 이후로도 다양한 드라마에 출연했어요.

그의 연기는 드라마에 그치지 않았어요. 〈두 남자〉 같은 독립 영화를 포함해 여러 영화에 주조연으로 참여하는가 하면 2024년에는 연극 〈'고도를 기다리며'를 기다리며〉 무대에 오르기도 했답니다.

퍼포먼스의 아이콘, 태민

막내 태민은 데뷔 초에는 변성기 때문에 노래하기가 어려웠다고 해요. 그래서 곡에서도 가창 분량이 매우 적었지요. 하지만 끊임없이 연습하여 노래 실력을 갈고닦았고, 지금은 독보적인 음색과 노래 실력을 갖춘 솔로 가수라는 평가를 받을 만큼 크게 발전했어요.

태민은 춤을 잘 추는 것으로도 굉장히 유명해요. 샤이니에서 포인트 안무나 어려운 퍼포먼스는 대체로 태민이 맡아서 하지요.

태민은 솔로 활동을 가장 활발하게 하는 멤버이기도 해요. 소속사가 태민의 성장과 역량을 높이 평가한 덕에, 2014년 샤이니 멤버 중 가장 처음으로 솔로 앨범 〈ACE〉을 발매했어요. 그 뒤로 정규 1, 2, 3집과 미니 5집에 이르기까지 자기만의 디스코그래피를 차곡차곡 쌓아 나갔지요. 앨범 발표를 할 때마다 다양한 음악적 시도와 화려하면서도 정교한 퍼포먼스를 선보이며 적극적으로 음악 활동을 이어 나가고 있어요.

2009년에는 〈태희혜교지현이〉라는 시트콤을, 2017년에는 〈파이널라이프 – 내일, 네가 사라져도〉라는 일본 드라마를 통해 연기에 도전하기도 했지요. 지금은 음악에 좀 더 집중하고 있어요.

태민

5장

샤. 계. 한(SHINee Should Go On)

> 너희가 순간순간 온 힘을 다해
> 쌓아 온 노력이
> 이렇게 커다란 빛을 낸 거야.

태민아, 네가 벌써
그러면 난 어떡해.

에이~ 형.
농담이에요. 농담.

근데 우리가 활동한 지
벌써 5년이나 됐네.
앞으로 더 좋은 음악을
들려 줘야 하는데….

그러게.
우리가 또 어떤 걸
보여 줄 수 있을까?

….

쿠웅-

대표실

요새 샤이니
분위기는 어때?

안 그래도
3집 앨범 준비를 하면서
이런저런 고민이
많은 모양입니다.

109

흠, 아이돌 5년 차면 그럴 때지. 대중이 신선함을 느끼기도 어려울 테고 말이야.

이 위기를 잘 넘겨야 계속 활동을 이어 갈 수 있는데….

그게 뭐지?

청량함입니다.

그래서 말인데 이번 앨범은 위험한 도전을 하기보다는 가장 샤이니다운 콘셉트의 음악을 해 보면 어떨까요?

꺄악

꺌꾶

얘들아, 너희들 새로 나온 샤이니 음악 들었어?

응! 노래도 화보도 밝고 에너지가 넘쳐. 완전 신인 아이돌 같아.

110

샤이니는 정규 3집 Chapter I 〈Dream Girl - The Misconceptions of You〉를 발표했어요. 타이틀곡인 'Dream Girl' 은 가장 샤이니다운 노래라고 평가받으며 대중으로부터 좋은 반응을 얻었습니다.

무엇보다 스탠딩 마이크를 이용한 안무는 특히 청소년들에게 엄청난 인기를 얻었습니다.

그다음으로 발표한 미니 5집 앨범의 타이틀곡 'Everybody'에서 샤이니는 살아 움직이는 '장난감 로봇'을 콘셉트로 한 극강의 퍼포먼스를 보여 줬어요. 피리 부는 사나이, 가제트 만능 팔 등의 안무와 함께 인형이 된 멤버들을 조종하는 동작으로 한 편의 애니메이션을 보는 듯한 무대를 연출했습니다.

'Everybody'는 미국 빌보드에서 '2013년 최고의 퍼포먼스'로 극찬받을 만큼 국내외에서 찬사를 받았습니다.

에브리바디는 미쳤어
샤이니는 레전드라고 ㅠㅠㅠㅠㅠ

저 안무에 라이브를 할 수 있다구?
여전히 믿기지가 않음

진짜 몸 부서질 것 같아 ㄷㄷ

열심히 살자…
에브리바디 춤추면서 노래하는 샤이니처럼!

SHINee's 'Everybody' Showcases Some of 2013's Top Choreography

After SHINee teased their new EP last week with R&B track "Symptoms," the K-pop boy unveiled new single "Everybody." While SHINee's K-pop singles "Dream Girl" and "Why So Serious?," released earlier this year, highlighted the quintet's knack for sugar-coat

온유 씨, 요새 샤이니 음악 잘 듣고 있어요. 'Everybody' 너무 좋아요.

고맙습니다.

까

꾸벅

라이브는 온유가 최고야. 목소리가 정말 좋다니까.

부끄~

연습실

그럼 가볍게 목이나 풀어 볼까?

아 아 아

아一

갑자기 목이
왜 이렇게 아프지?

그동안 목을 많이 사용해서
무리가 온 모양이네요.

그게 무슨 뜻이죠?
선생님, 좀 더 자세히
이야기해 주세요.

성대에 폴립이 생겼습니다. 아무래도 수술을 받아야 할 것 같습니다.

네?!

지금껏 노래만 하며 살아왔는데 성대 수술이라니….

혹시 잘못되어서 앞으로 노래를 못 부르게 되면 어떡하지?

벌컥

온유 형!

얘기 들었어.
성대 수술을
해야 한다고.

응.
그렇게 됐어.

끄덕

재활만 잘하면
별문제가 없을 거래.

걱정 마.
수술 잘될 거야.

지금 잘 쉬고
건강해지는 게 제일 중요해.
알겠지? 우린 언제든
형 기다릴 수 있으니까.

다들 고마워.

온유는 활동을 중단하고 성대 수술을 받았습니다.

당분간 노래도 못하고
마냥 쉬어야 하네.
뭘 하지?

삐빅

야구…?!

그러고 보니
어릴 때 심심하면
캐치볼을 하곤 했는데.
한번 해 볼까?

파

앙

후

이거 생각보다
재밌는걸.

쏙

온유는 말없이 공을 던지며 목소리를 낼 수 없었던
갑갑한 시간을 견뎠습니다.

파앙

휙

축하합니다.
다 나았네요.
다만 무리하지 말고
천천히, 조금씩 소리를
내야 합니다.

정말요!
감사합니다.

고마워. 덕분에
이 시간을 잘 견뎠어.

2015년 3월 도쿄돔에서 샤이니는
'SHINee WORLD 2014~I'm your
boy~' 공연을 열었습니다.

수술 후 처음 갖는 콘서트야.
나 잘할 수 있을까?

온유는 걱정과 달리 좀 더 깊어진 목소리로 훌륭한 라이브 실력을 선보였습니다. 온유의 부활과 함께 샤이니는 이틀 공연만으로 총 10만 명 이상의 관객을 모을 만큼 성황리에 공연을 마쳤습니다.

이후 샤이니는 2015년 5월, 정규 4집 <Odd> 앨범을 냈습니다. 이 앨범의 타이틀곡 'View'는 세련되면서도 샤이니만의 청량한 색깔을 잘 표현해 냈다는 평가를 받았습니다.

평소에도 패션 감각이 남달랐던 키는 'View' 활동 때부터 아트 디렉팅에 두각을 나타냈습니다.

찰칵

찰칵

키, 여기요!

여기도 봐 주세요!

요새 키 너의 패션에 사람들 반응이 굉장히 좋던데?

패션쇼까지 설 정도니까, 보통 센스가 아니지!

제가 워낙 패션에 관심이 많잖아요.

그래서 말인데 샤이니 무대 의상을 제가 디렉팅 해 봐도 될까요?

네가 직접?!

멤버들의 취향을 고려해서,
샤이니 무대 의상을
한번 스타일링 해 보고 싶어요.

흠- 하긴 멤버들에 대해
너만큼 잘 아는 사람도 없겠지.
좋아, 한번 준비해 보자.

감사해요!

끄덕

비주얼 콘셉트 회의 날

팟

그럼 이번 샤이니 무대 의상
콘셉트를 발표하겠습니다.

뭐야?
프레젠테이션 자료까지
직접 준비해 온 거야?

후

이왕 하는 거
제대로 해야죠.

그렇게 노력한 끝에 키는 'View' 무대 의상을 올드스쿨과 스포티즘 콘셉트에
맞춰 직접 스타일링 하게 되면서 예술적 재능을 펼쳐 보였습니다.

한편 종현은 음악 활동뿐 아니라 라디오 DJ 활동도 하는 한편, 소설을 써서 《산하엽》이라는 책을 펴내기도 했습니다.

지금까지 푸른밤 종현이었습니다. 내일도 쉬러 와요.

찰칵

수고하셨습니다.

종현아, 요새 왜 이렇게 기운이 없어 보여? 앨범 준비가 힘들어?

아니에요. 그냥…. 옛날에는 멤버들이랑 함께해서 힘든 걸 몰랐는데 혼자서 모든 걸 하려니까 쉽지 않네요.

좀 적당히 해. 종현이 넌 다 좋은데 늘 너무 완벽하게 하려고 하더라. 그러다 보면 금방 지칠 수 있어.

네, 그럴게요. 감사해요.

참! 이번에 책도 낸다면서?

별거 아니에요. 그냥 그동안 틈틈이 써 둔 글을 모아 책으로 내 보는 게 어떻겠냐고 제안이 들어와서요.

그럼 이제 우리 종현이, 김 작가님이라고 불러야 하나?

김 작가님, 노벨 문학상 받으면 모른 척하지 마세요.

에이 참, 그만하세요.

2016년 1월 말부터 샤이니는 네 번째 일본 투어에 나섰습니다.

축하한다.
이번 아레나와 도쿄돔 공연에
총 40만 명의 관객이
입장한 것으로 집계되었다.

와아!

일본 전국 투어
누적 관객 수
100만 명을 돌파했어!

펑

얘들아,
다들 고생 많았어.

아직도 믿기지 않네.
우리가 일본에서
이렇게까지
성공할 거라곤
생각 못 했는데.

너희가 순간순간
온 힘을 다해 쌓아 온
노력이 이렇게 커다란
빛을 낸 거야.

정말 고생했다.
얘들아.

이어서 월드 투어에 나선 샤이니는 인도네시아, 일본, 캐나다, 미국, 홍콩, 대만, 태국 등 아시아부터 북아메리카까지 여러 나라에서 큰 호응을 얻었습니다. 서울에서는 다섯 번째 단독 콘서트 'SHINee WORLD V'를 열었습니다.

2016년 10월 5일, 샤이니는 정규 5집 <1 of 1> 앨범을 내며, 펑키하고 신나는 복고풍 타이틀곡 '1of 1'으로 활동했습니다. 이 앨범으로 늘 가던 길을 가지 않고 새로운 길을 개척하는 샤이니로서의 입지를 더욱 굳게 다질 수 있었습니다.

한편, 종현은 2017년 4월에 좋아하던 DJ 활동을 그만두고 개인 음반 작업과 소규모 아지트 콘서트에 열중했습니다.

하지만 언제부턴가 종현에게는 남들이 미처 알아채지 못할 만큼 그늘이 마음 깊이 드리워 있었습니다.

2017년 12월 18일, 샤이니 멤버들은 종현이 갑자기 세상을 떠났다는 비보를 듣게 되었습니다.

종현이 떠나간 뒤 샤이니 멤버들은 한동안 깊은 슬픔에 빠졌습니다. 하지만 오랜 고민 끝에 멤버들은 공식 홈페이지를 통해 샤이니 활동을 이어 가겠다는 뜻을 밝혔습니다.

안녕하세요. 샤이니 민호입니다.

… 그 어떤 것도 종현이 형을 대신해줄 수 없고, 완성도가 높은 공연으로 설 수 있을지에 대해서 이 되는 부분이 많이 앞으로 여러분 앞에 니의 모든 무대에 함께 한다는 생각이 담아 준비하겠습니

안녕하세요 샤이니 온유입니다.

…에서 그리워하고 아파하실 …에게 위로가 될 수 있다 저지만 더 열심히 해 다짐을 하게 되었습니 정말 많이 부족하지만 샤 위해, 제가 할 수 있는 최 력을 다하고 싶습니다.

안녕하세요 샤이니 키 입니다.

많은 분들이 걱정해주시는 가운데, 저희는 예정하고 있는 일본 공연을 하기로 결정했습니다. 이러한 결정이 종현이 형이 원하는 저희의 모습일 것이고, 팬 여러분과의 약속을 지키며 좋은 무대를 보여드리는 것이, 가장 샤이니다운 모습일 것이라는 생각이 들었습니

어렵고 하겠습니

안녕하세요 샤이니 태민입니다.

… 앞으로의 미래가 결코 쉽지 않을 거란 것도 알지만 샤이니라는 이름이 좀 더 오래 빛을 잃지 않고 빛을 낼 수 있게, 잊혀지지 않도록 …라고 합니다. 너무나

하지만 종현이 없는 샤이니가 전처럼 멋진 모습을 보여 줄 수 있을지 우려하는 목소리도 들렸습니다.

과연 그 어려운 노래와 안무를 넷이서 소화할 수 있을까?

종현의 빈자리를 어떻게 채우겠어?

제 아무리 샤이니라도 이제 활동하긴 힘들 거야.

K-POP의 글로벌화를 이끈 2세대 아이돌

샤이니와 비슷한 시기에 활동했던 아이돌들은
우리나라뿐 아니라 해외에서도
많은 사랑을 받았어요.
어떤 그룹이 있었고, 그들이 K-POP에
어떤 영향을 미쳤는지 알아봐요.

 ## 동방신기

동방신기는 2004년에 데뷔한 SM엔터테인먼트 소속의 5인조 보이 그룹으로, 10대들의 폭발적인 지지와 사랑을 받았어요.

데뷔 초 '국내 최초 아카펠라 그룹'이라는 콘셉트로 활동하며 연말 시상식에서 신인상을 거머쥐었지요. 뛰어난 보컬과 퍼포먼스로 주목받은 동방신기는 이듬해 일본 시장에 진출했어요. 결과는 대성공이었지요. 2008년에는 아시아 그룹 및 남성 가수 최초로 일본 오리콘 위클리 차트 1위를 차지했어요. 연말에는 일본 최대의 가요 이벤트인 〈홍백가합전〉에 한국 그룹 최초로 출연했지요. 2009년에는 한국 그룹 최초로 도쿄돔에서 단독 공연도 가졌어요.

동방신기는 일본뿐 아니라 중국, 대만 등에서도 인기가 많았어요. 2010년 이후 2인 체제가 되었으나, 최근까지 활동을 꾸준히 이어 오고 있답니다.

빅뱅

빅뱅은 2006년에 데뷔한 YG엔터테인먼트 소속의 5인조 보이 그룹으로, YG에서 진행한 서바이벌 프로그램을 통해 결성되었어요. 빅뱅은 스스로 곡을 만들어 발표하기도 했어요. 데뷔 초 음악은 힙합이 주를 이루었으나, 점점 R&B, 댄스, EDM 등 다양한 장르를 시도했지요.

빅뱅은 퍼포먼스도 남달랐어요. 다른 아이돌 그룹이 정교하고 절제된 춤을 선보일 때 빅뱅은 멤버마다 지닌 개성을 강조하며 훨씬 자유로운 분위기에서 무대를 즐기는 모습을 보여 주었어요.

2008년에는 일본에 진출하여 큰 성공을 거두었고,

2012년에는 앨범 〈Alive〉가 '빌보드 200' 차트에 들기도 했어요. 또한 2012년부터 2013년에 걸쳐 아시아, 북아메리카, 남아메리카, 유럽을 아우르는 월드 투어를 하며 그 인기를 증명했어요.

빅뱅은 멤버마다 솔로 활동도 활발했어요. 현재는 구성원이 세 명으로 줄었지만, 2024년 셋이 함께 무대에 서면서 빅뱅이 여전히 건재하다는 것을 보여 주었어요.

 셋 ## 소녀시대

소녀시대는 2007년에 데뷔한 SM엔터테인먼트 소속의 9인조 걸 그룹이에요. 이름처럼 풋풋하고 청순함을 콘셉트로 한 그룹이었지요. '다시 만난 세계'로 데뷔한 소녀시대는 'Gee' '소원을 말해 봐', 'Oh!' 등 다양한 히트곡을 발표했어요. 특히 'Gee'는 음악 방송에서 9주 연속 1위를 차지할 만큼 대중의 사랑을 듬뿍 받았어요.

소녀시대는 아홉 명이 한 몸인 것처럼 움직이는 정교하고 징확한 퍼포먼스와 중독성 강안 음악으로 인기를 끌었어요. 멤버마다 개성이 뛰어나 연기, 뮤지컬, 예능 등 개인 활동도 활발히 했지요.

소녀시대

2010년에는 일본에 진출했어요. 데뷔에 앞서 한국에서 활동한 모습을 담아 DVD로 발매했는데, 이게 오리콘 차트 DVD 부문 1위를 차지했지요. 일본에서의 두 번째 싱글은 한국은 물론 아시아 최초로 오리콘 데일리 싱글 차트 1위에 올랐어요.

소녀시대 역시 일본을 비롯하여 싱가포르, 대만 등 아시아 국가에 널리 이름을 알렸어요. 2014년 멤버 한 명이 탈퇴하며 8인조가 되었지만, 지금까지도 많은 사랑을 받고 있답니다.

 **넷** ## 원더걸스

원더걸스는 2007년에 데뷔한 JYP엔터테인먼트 소속의 5인조 걸 그룹이에요. 'Tell Me'라는 곡이 선풍적인 인기를 끌었고, 'Nobody'라는 곡은 한국 아이돌 그룹 최초로 빌보드 메인 차트에 진입하기도 했지요.

원더걸스는 다양한 장르의 음악을 소화했어요. 첫 정규 앨범 때는 '80년대 팝 댄스의 재해석'이란 콘셉트로 음악과 의상, 안무 모두 80년대 문화를 재연했어요. 2015년에는 4인조 아이돌 밴드로 변신하기도 했어요. 다양한 음악을 시도한 만큼 히트곡도 굉장히 많아요. 따라 하기 쉬운 포인트 안무 또한 이들의 인기에 한몫했지요.

원더걸스는 한국 아이돌 최초로 미국 시장에 진출하기도 했어요. 빌보드 차트 진입을 계기로 2009년부터 3년여 기간 동안 미국에서 활동했지요. 이 때문에 국내 활동 모습은 보기 어려워졌지만, K-POP이 미국 진출을 하는 좋은 계기와 발판을 마련해 주었답니다.

6장

찬란하게 눈부실 너의 날

> 여러분도 저희랑
>
> 함께해 주실 거죠?

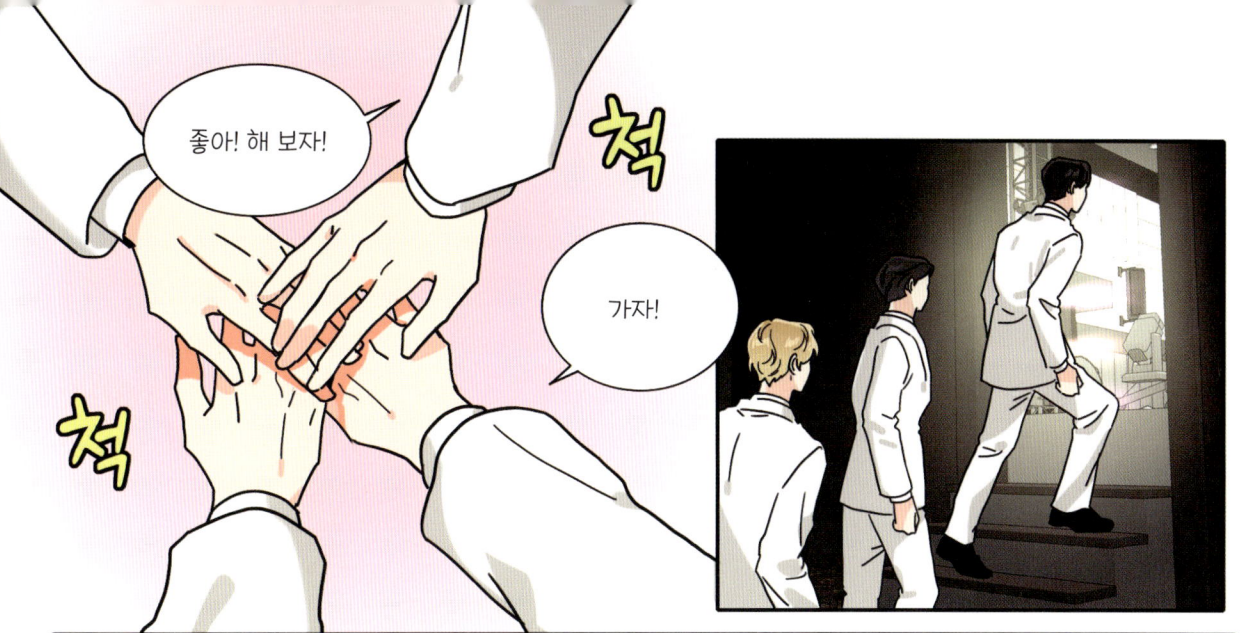

샤이니는 일본 쿄세라 돔에서 'SHINee WORLD THE BEST 2018~FROM NOW ON~' 공연을 펼치며 멋진 무대를 선보였어요. 그리고 다 같이 종현을 추모하며 'From now on'을 불렀습니다.

얼마 뒤. 10주년을 맞이해 정규 6집 <The Story Of Light Epilogue>를 발매한 샤이니는 타이틀곡 '데리러 가(Good Evening)'로 큰 인기를 누리며 활동을 마무리하였습니다.

2018년 12월 10일, 온유의 군 입대를 시작으로 2019년 3월 4일에는 키가 군악병으로 입대하며 샤이니는 잠시 휴식기에 들어갔습니다.

샤이니 중에
솔로 앨범을 낸 순서로 보면
내가 제일 선배고
형이 막내잖아.

크~ 맞다!

그나저나 온유 형이랑
키 형은 군대에서
잘 지내고 있을까?

둥글둥글한 온유 형이야
걱정이 안 되는데, 키는 저 할 말
다 하다가 고참들에게 혼날까 봐
걱정이다.

설마….

태민아.
사실은 나도
이제 곧 입대해.

형도?

온유 형이랑
키 형이 없으니까
허전했는데…
이제는 정말
아무도 없네.

태민아. 혼자 활동하기가
힘들 때도 있겠지만,
잘 지내라.

응. 염려 마.

어느덧 시간이 흘러 2020년, 온유와 키에 이어 민호까지 차례로 전역을 맞이하게 됐습니다.

야, 이태민!

이 목소리는!

헉

온유 형! 키 형!
여긴 어쩐 일로 온 거야?

어쩐 일은.
너 응원해 주러 왔지.
오늘 특별 게스트도 있어.

특별 게스트?

그렇게 다시 완전체가 된 샤이니는 2021년 2월 22일 정규 7집 <Don't Call Me>로 팬들 곁에 돌아왔습니다.

이후 멤버들이 각자 다양한 개인 활동을 펼치는 한편 태민도 입대하여 군 복무를 했습니다.

142

으이구, 눈치도 빠르네.
안 그래도 널 위해
특별히 준비했다.

뭔데?

태민아,
고생 많았다.

전역 축하해.

형들, 고마워.
근데 빈손이야?
보통 제대하고 그러면
선물 같은 거 주지 않나?

올해가 샤이니 데뷔
15주년 되는 해잖아.
그래서 샤이니 월드랑
특별하게 맞아
보려고 해.

2023년 5월 27일, 샤이니는 15주년 기념 팬미팅 'Everyday is SHINee DAY'를 여는 것을 시작으로 8집 앨범 활동을 하기로 했습니다.

하지만 온유의 건강 악화로 샤이니는 세 멤버로 정규 8집 앨범 활동을 해야 했습니다. 그럼에도 8집 앨범은 초동 판매량 20만 장을 넘기는 커리어 하이를 달성했으며, 네 개 음악 방송에서 1위를 차지할 만큼 좋은 반응을 얻었습니다.

그리고 1년 뒤인 2024년 5월 25일

여러분과 멤버들이
잘 기다려 준 덕에
제가 이 자리에 건강하게
돌아올 수 있었습니다.
정말 고마워요.

와아아

2024년 온유와 태민은 다른 소속사에서 홀로서기를 시작하였고, 키와 민호는 SM엔터테인먼트에서 또 다른 발돋움을 준비하는 등 저마다 새로운 길을 찾아 나섰습니다.

2025년 봄

형들, 늦어서 미안!

철컥

어허, 빨리빨리 안 오지? 막내가 빠져 가지고!

다들 건강해 보여서 다행이야.

이렇게 다 같이 모이는 것도 진짜 오랜만이다.

그러게. 어느새 콘서트 준비할 때가 왔네.

올해가 샤이니가 17주년이잖아. 좀 더 의미 있게 맞으면 좋겠는데… 뭐가 있을까?

음…, 지금쯤 서랍 속에 간직했던 그 음악을 꺼내 볼까?

서랍 속 음악이라고?

?

음…. 난 뭔지
알 것 같은데?

아하!

뭐야, 형들.
나만 빼고 따로 받아 둔
음악이 있는 거야?
너무해!

!!!

아, 그게 아니라….
종현이가 우리한테
남겨 준 선물이 있잖아.

이제는
종현이 이야기를
들려줄 때가
되지 않았나 싶어서.

아… 맞아.
나도 알지.
종현이 형이
남긴 노래….

하자, 하자!
무조건 해야 해,
이건.

?

팟

샤이니는 2025년 5월 23일부터 25일까지 3일 동안 열린 일곱 번째 콘서트 'SHINee WORLD Ⅷ E.S.S.A.Y'에서 첫 번째 곡으로 'Poet | Artist'를 불렀습니다. 종현이 만든 이 곡은 8년쯤 흐른 뒤인 이제야, 다섯 명의 목소리가 모두 담긴 노래로 모습을 드러냈습니다.

오랜만에 종현이 형 목소리까지 저희 다섯 명이 'Poet | Artist'라는 곡으로 공연을 시작해 봤어요. 어때요, 여러분?

좋아요~!
샤이니!
꺄아

꺄

이번 공연의 시작은 종현이 형이 하고 싶었던 이야기를 했고 마지막은 저희가 형에게 하고 싶은 이야기를 노래로 들려주고 싶어요.

여러분도 저희랑 함께해 주실 거죠?

와아

2008년 신선한 감성과 세련된 음악으로 K-POP 음악계에 새로운 바람을 몰고 온 샤이니. 그들은 늘 시대를 앞서가는 음악과 정교한 퍼포먼스로 독창적인 존재감을 보여 주었습니다.

17년이라는 시간이 흐르는 동안 샤이니는 한계를 넘어서는 성장과 상실의 아픔을 겪었지요. 그러나 그들은 다시 일어서서 더 깊고 성숙한 음악을 선보이며, 새로운 길을 열어 나갔습니다.

샤이니는 스스로의 길을 누구보다 치열하게 걸어온 '예술가'이며, 이제는 또 다른 샤이니를 꿈꾸는 이들에게 이정표를 그려 주는 '시인'입니다. 샤이니는 언제까지나 자기만의 언어로 노래하며, 섬세하고도 단단한 모습으로 우리 곁에서 오래도록 빛날 것입니다.

생각해 보기

> 책을 다 읽은 뒤 내용을 되새기고
> 생각하는 시간도 필요합니다.
> 책에 대해 주변 사람들과
> 함께 이야기 나누면 더욱 좋아요!

온유

♡ 빛나는
샤이니

- 💙 이름: 이진기
- 💚 생년월일: 1989년 12월 14일
- 💙 MBTI: ISFP or INTP
- 💚 출신 지역: 경기도 수원
- 💙 키: 177cm
- 💚 혈액형: O형
- 💙 애칭: 온리다, 영감, 찡구왕
- 💚 취미: 캠핑, 낚시
- 💙 특기: 노래

SMILE

HAPPY

종현

- ♥ 이름: 김종현
- ♥ 생년월일: 1990년 4월 8일
- ♥ 출신 지역: 서울
- ♥ 키: 173cm
- ♥ 혈액형: AB형
- ♥ 애칭: 블링블링, 쫑디, 자몽
- ♥ 취미: 영화 감상, 노래
- ♥ 특기: 작사, 작곡

ARTIST

키

★ ENTJ ★

💙 이름: 김기범

💚 생년월일: 1991년 9월 23일

💙 MBTI: ENTJ

💚 출신 지역: 대구

💙 키: 176cm

💚 혈액형: B형

💙 애칭: 만능열쇠, 안무위키, 김똑띨

💚 취미: 요리, 가드닝시

💙 특기: 춤, 영어

민호

- 💗 이름: 최민호
- 💚 생년월일: 1991년 12월 9일
- 💗 출신 지역: 인천
- 💚 키: 183cm

PASSION

- 💗 혈액형: B형
- 💚 애칭: 불꽃 카리스마, 최다정

- 💗 취미: 운동
- 💚 특기: 연기

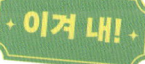
이겨 내!

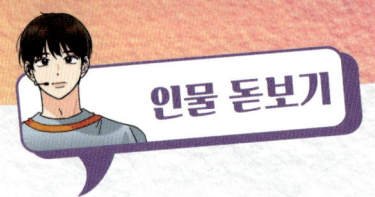 **인물 돋보기**

태민

💙 **이름:** 이태민

💚 **생년월일:** 1993년 7월 18일

💙 **MBTI:** INFP

💚 **출신 지역:** 서울

💙 **키:** 175cm

💚 **혈액형:** B형

💙 **애칭:** 탬니, 매직핸드, 역솔남(역대 솔로 남자 가수)

💚 **취미:** 영화 감상

💙 **특기:** 피아노

탬또롤

SHINee & SHAWOL

- ♥ 그룹 이름: 샤이니(SHINee)
- 💚 생일: 2008년 5월 25일
- ♥ 멤버: 온유, 종현, 키, 민호, 태민
- 💚 공식 인사법:

안녕하세요. 컨템퍼러리 밴드 빛나는 샤이니입니다!

- ♥ 콘텐츠를 즐길 수 있는 채널:

공식 팬클럽 'SHINee WORLD'(위버스),

▶ 'SHINee', 📷 @shinee, 𝕏 SHINee

`SHINee`

- ♥ 팬덤 이름: 샤이니 월드(샤월)
- 💚 뜻: 샤이니가 빛이라면, 그 빛이 닿는 세상은 팬들의 세계'라는 의미를 담고 있으며, 정규 1집 앨범명 〈THE SHINee World〉에서 따음
- ♥ 공식 색상: 펄 아쿠아 그린
- 💚 대표 응원법: 이진기! 김종현! 김기범! 최민호! 이태민! 빛나는 샤이니!

샤이니 연표

5월 22일 미니 1집
〈누난 너무 예뻐〉

8월 28일 정규 1집
〈The SHINee World〉

10월 29일 정규 1집 리패키지
〈Amigo〉

신인상 그랜드슬램 달성

5월 18일 미니 2집
〈Romeo〉

10월 14일 미니 3집
〈2009, Year Of Us〉

7월 19일 정규 2집
〈LUCIFER〉

9월 30일 정규 2집 리패키지
〈Hello〉

2010년 〈한국대중음악상 최우수 팝 노래〉
'Ring Ding Dong' 선정

2008   2009   2010

2015   2016   2018

5월 18일 정규 4집
〈Odd〉

8월 3일 정규 4집 리패키지
〈Married To The Music〉

미국 롤링스톤지
〈역대 최고의 보이밴드 송 50〉에
'Sherlock' 선정

10월 5일 정규 5집
〈1 of 1〉

11월 15일 정규 5집 리패키지
〈1 and 1〉

5월 28일 정규 6집
〈The Story of Light EP.1〉

6월 11일 정규 6집
〈The Story of Light EP.2〉

6월 25일 정규 6집
〈The Story of Light EP.3〉

9월 10일 정규 6집 합본
〈The Story of Light Epilogue〉

해외 남성 그룹 최초로
일본 오리콘 앨범·디지털 차트 동시 1위

2월 19일 정규 3집 Chapter I
〈Dream Girl – The Misconceptions of You〉

4월 26일 정규 3집 Chapter II
〈Why So Serious? – The Misconceptions of Me〉

8월 8일 정규 3집 합본
〈The Misconceptions of Us〉

3월 19일 미니 4집
〈Sherlock〉

10월 14일 미니 5집
〈Everybody〉

2012

2013

2021

2023

2025

2월 22일 정규 7집
〈Don't Call Me〉

4월 12일 정규 7집
리패키지 〈Atlantis〉

〈케이팝 100대 명곡〉에
'Sherlock', 'View', 'Ring Ding Dong',
'누난 너무 예뻐' 선정

6월 26일 정규 8집
〈HARD〉

〈2000년대 한국 대중음악 명반 100〉
정규 3집 〈The Misconceptions Of Us〉 선정

5월 25일 싱글 1집
〈Poet | Artist〉

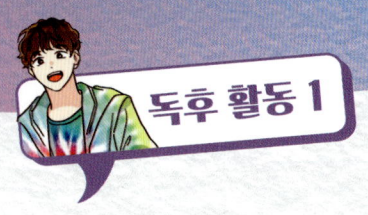

내 손으로 만드는 샤이니 앨범

아이돌은 앨범 하나, 굿즈 하나도 소속사에서 심혈을 기울여 만들어요. 내가 만약 소속사 직원으로 들어가 샤이니와 함께 일한다면, 어떤 앨범과 굿즈를 만들고 싶나요? 샤이니의 새 앨범과 굿즈를 기획해 봐요.

앨범명

음악 장르

앨범 콘셉트

앨범 디자인

굿즈 이름

_____

만든 이유

_____

디자인

소중한 사람을 위한 특별한 응원

팬들은 아이돌을 응원하기 위해 응원봉을 흔들고, 무대에서 춤추고 노래하는 아이돌의 곡을 특정한 방법으로 따라 부르며 응원해요. 아이돌을 응원하는 팬들처럼, 여러분도 응원하고 싶은 사람이 있나요? 어떤 사람인지, 어떻게 응원하면 좋을지 생각해 봐요.

응원하고 싶은 사람

_____

응원하고 싶은 이유

_____

_____

_____

응원 방법

_____

_____

_____

소중한 사람만을 위한 응원봉 그리기

응원봉에 담긴 의미

_____

_____

_____

독후 활동 3

떠오르는 샛별, 신예 아이돌 인터뷰

아이돌이 되면 텔레비전에 출연하는 것은 물론, 인스타그램이나 틱톡 같은 SNS로 홍보를 하거나 여러 매체에서 인터뷰를 하기도 해요. 만약 여러분이 아이돌이 된다면 어떨 것 같나 요? 아이돌이 됐다고 가정하고 인터뷰의 질문에 대답해 봐요.

Q. 본인 소개 부탁드려요.

본명:

예명:

포지션:

취미:

특기:

Q. 그룹 이름이 무엇인지, 몇 명으로 이루어졌는지 등 내가 속한 그룹에 대해 자유롭 게 소개해 주세요.

Q. 아이돌이 되기 위해 어떤 노력을 했나요?

_____

_____

_____

_____

Q. 존경하는 선배 아이돌이 있나요? 어떤 점을 본받고 싶나요?

_____

_____

_____

_____

Q. 앞으로 어떤 활동을 주로 하고 싶나요?

_____

_____

_____

샤이니 덕력 테스트

데뷔 이래 17년이 넘도록 언제나 빛나는 샤이니! 샤이니에 대해 얼마나 알고 있는지 확인해 봐요.

1. 샤이니 데뷔일과 데뷔곡을 알맞게 짝지은 것은 무엇인가요?

① 2008년 5월 25일 - '산소 같은 너'

② 2008년 5월 25일 - '누난 너무 예뻐'

③ 2008년 8월 28일 - 'LUCIFER'

④ 2008년 8월 28일 - 'The SHINee World'

2. 다음 설명의 빈칸에 들어갈 알맞은 단어는 무엇인가요?

> 샤이니는 모든 분야에서 트렌드를 제시하고 이끌어 나가는 [   ] 밴드로, 음악 역시 새롭고 다양한 시도를 했어요.

① 트렌드세터　　　　　　② 버추얼

③ 프로젝트　　　　　　④ 컨템퍼러리

3. 다음 중 샤이니의 일본 데뷔 싱글 앨범 제목은 무엇인가요?

① Juliette　　　　　　② LUCIFER

③ Replay　　　　　　④ Sherlock

4. 다음 설명에 알맞은 곡 이름은 무엇인가요?

이 노래로 컴백 무대를 선보이던 날, 마이크 받침대가 부서지는 방송사고가 생겼어요. 하지만 멤버들이 안무와 노래를 계속하며 마이크 받침대를 치운 덕에 아무도 눈치채지 못했지요.

① Dream Girl   ② View
③ Ring Ding Dong   ④ Why So Serious?

5. 샤이니 공식 팬덤 이름은 무엇인가요?

① 샤이니 월드   ② 샤세이버
③ 마이 샤이니   ④ 샤이니 랜드

6. 데뷔 15주년 기념 영화 개봉 연도와 제목으로 알맞게 짝지은 것은 무엇인가요?

① 2023 - Thanks to SHINee WORLD
② 2023 - MY SHINee WORLD
③ 2024 - For SHINee WORLD
④ 2024 - Love SHINee WORLD

정답: 1.② 2.④ 3.③ 4.① 5.① 6.②

who? K-POP

샤이니

초판 1쇄 인쇄 2025년 7월 31일
초판 1쇄 발행 2025년 8월 13일

글 김정욱 **그림** 김래현 **표지화** 김명곤(ILLEA)

펴낸이 김선식
펴낸곳 다산북스

부사장 김은영
어린이사업부총괄이사 이유남
책임편집 박세미 **디자인** 김은지 **책임마케터** 김희연
어린이콘텐츠사업1팀장 박정민 **어린이콘텐츠사업1팀** 김은지 박세미 강푸른 류지형
어린이마케팅본부장 최민용 **어린이마케팅1팀** 안호성 이예주 김희연 **기획마케팅팀** 류승은 박상준
편집관리팀 조세현 김호주 백설희 **저작권팀** 성민경 이슬 윤제희
재무관리팀 하미선 임혜정 이슬기 김주영 오지수
인사총무팀 강미숙 이정환 김혜진 황종원
제작관리팀 이소현 김소영 김진경 이지우 황인우
물류관리팀 김형기 김선진 주정훈 양문현 채원석 박재연 이준희 이민운

출판등록 2005년 12월 23일 제313-2005-00277호
주소 경기도 파주시 회동길 490
전화 02-704-1724 **팩스** 02-703-2219
다산어린이 카페 cafe.naver.com/dasankids **다산어린이 블로그** blog.naver.com/stdasan

종이 스마일몬스터 **인쇄** 민언프린텍 **코팅 및 후가공** 평창피엔지 **제본** 대원바인더리

ISBN 979-11-306-6825-3 14990

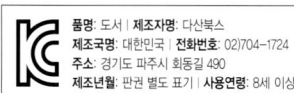

품명: 도서 **제조자명:** 다산북스
제조국명: 대한민국 **전화번호:** 02)704-1724
주소: 경기도 파주시 회동길 490
제조년월: 판권 별도 표기 **사용연령:** 8세 이상

※ KC마크는 이 제품이 공통안전기준에 적합하였음을 의미합니다.